AF233687

Lib. 40 2020

ADRESSE

DE LA SECTION

DE L'ORATOIRE

A L'ASSEMBLÉE NATIONALE,

SUR L'ÉMISSION DES ASSIGNATS - MONNOIE.

MESSIEURS;

CE n'est pas par des opérations partielles (& l'expérience l'a prouvé) qu'on remédie à de grands maux ; vous en étiez convaincus, lorsque vous avez commencé le glorieux monument de la constitution, qui, malgré les clameurs des ennemis de la liberté, & les

A

transes des êtres liés à l'arbitraire de l'ancien régime, s'élève néanmoins & atteindra dans peu la perfection & l'immuabilité, unique but de vos travaux & de nos vœux.

Ce que vous avez fait pour les loix, Messieurs, vous le ferez pour les finances, autrement l'intérêt qui nous mine finiroit par tout absorber. Vous admettrez, Messieurs, l'émission des assignats-monnoie, idée conçue parmi vous, idée simple & grande en même-tems, qui, exposée depuis quelque-tems à l'opinion, ne trouve gueres de contradicteurs que ceux qui, vivant & s'enrichissant de la variabilité des effets publics, n'en peuvent voir l'extinction sans angoisses.

Si vous ne leur donnez la chance des inquiétudes & des hazards; si vous ne commettez des fautes qu'ils convoitent, & dont ils puissent commercer, pouvez-vous aspirer à leurs éloges? Redoutez-les plutôt, Messieurs, & permettez à une assemblée primaire,

placée au centre du commerce de cette
capitale, qui recueille l'opinion publique
dans sa véritable source, de vous exposer ce
qui la détermine : en effet, il existe des
agioteurs qui préferent un projet de quittances portant intérêt à celui qui opere à
jamais le paiement réel de la dette exigible ;
l'Assemblée ne doit-elle pas être frappée
d'une préférence aussi bisarre qu'allar-
mante ? mais quelques soient les talens &
l'éloquence, les défenseurs de ce projet
repondront-ils à cette simple objection qui
s'offre à tous les esprits ?

Il greve l'état de cent vingt millions net
à payer aux porteurs. Or, quiconque a la
moindre connoissance de l'impôt, de ses
frais de perception, du déficit nécessaire
qu'il éprouveroit, conviendra que pour lever
encore une somme aussi prodigieuse sur des
contribuables déjà exténués, il faudroit la
porter au double ; tel est le premier fléau de
cette opération ajouté gratuitement à nos

(4)

miseres; qu'on ne croie pas non-plus qu'il soit momentané, il doit finir par tout engloutir. Quel seroit effectivement dans les premieres années, le porteur un peu garni de ces quittances, qui voulût échanger un effet qui, sans soins, sans inquiétude, lui rapporte un intérêt qui lui convient, contre un bien-fonds qui communément en rapporte un moindre? Il le gardera dans ses mains, & laissera les biens-fonds aux amateurs de l'agriculture, qui seront ses fermiers. Mais, dira-t-on, n'est-il pas juste que les créanciers soient remboursés, & qu'ils ne soient pas contrains d'employer leurs capitaux à un usage déterminé qui soutient le contraire? Les porteurs d'assignats ne seront-ils pas maîtres de les échanger, d'en disposer comme bon leur semblera? ces billets ne seront-ils pas une véritable monnoie? Veut-on conclure que de ce que les créanciers auront avec ces titres une faculté exclusive d'acheter des domaines nationaux, ce privilege qui enrichit l'effet, nuise à la volonté du porteur? Tel est cependant un des grands argumens des antagonistes des assignats ; mais ce n'est plus aux gros capitalistes qu'il faut parler. Qu'est-ce qui les touche ? Le gain immodéré. Quelle est leur patrie ? La bourse. Quels sont leurs vœux ? La baisse, quand ils veulent acquérir ; la hausse, quand ils veulent revendre. C'est à ceux qui, vivant du revenu modique de leurs fonds, n'ont d'espérance qu'en eux ; & mesurant habituellement l'avenir avec tranquillité, formés dès long-tems à l'inaction., à mettre la recette de leurs rentes au nombre de leurs plus grandes fatigues, ne sont plus faits pour se charger des soins innombrables des propriétaires : ils n'acquereront pas , s'ils ne prennent pas ce parti ; croient-ils que les gros capitalistes, qui convoitent d'avance leurs titres, le fassent ? Ceux-ci n'y penseront que lorsque l'état, incapable de payer avec l'impôt, épuisé d'obligations, sera contraint de leur tout abandonner.

Pendant ce cours de calamités, les biens

nationaux seront usurpés, dégradés, les intérêts de ces titres sans paiement; & alors, à quelle triste situation ne sera pas exposée cette classe de porteurs de quittances, la seule inquiétante? Ils n'auront plus pour eux que la pitié... des premiers, qui, concentrant dans une seule place les effets décriés, en deviendront propriétaires au prix qu'il leur plaira de fixer.

Et si cependant, à travers mille dangers, l'état parvenoit à s'acquitter aux dépens de sa propriété & des impôts avec ces accapareurs de quittances; tant de crises, tant de peines, tant de sacrifices ne serviroient, comme l'a dit un de vos célebres orateurs, qu'à créer un nouvel ordre de grands propriétaires fonciers, qui, donnant plus au luxe & à la ruine des campagnes qu'à l'art de fertiliser la terre & d'étendre les bienfaits de l'agriculture, empêcheroit la division des propriétés, fondement inébranlable de l'abondance, mais devenue désormais impossible par cette malheureuse catastrophe.

Mais quel contraste dans le tableau offert
par l'émission des assignats-monnoie ! Ce
n'est pas l'imagination qui aime à se dégager
d'images sombres par d'agréables chimeres ;
c'est un avantage manifeste d'abord, ensuite
des résultats heureux, appuyés par l'éxpé-
rience.

1°. Au moment où vous acquittez la dette
exigible, une levée de cent vingt millions
net, dégagée des pertes & des frais qu'elle
entraîne, disparoît, & rend les autres impo-
sitions plus légeres & plus sûres, détermine
le paiement de la rente constituée à sa véritable époque, dégage des entraves du mal-aise
l'état, & les contribuables qui s'acquittent
avec ponctualité.

Dès-là que ces dépenses sourdes & ca-
chées, & les prodigalités avouées deviennent
désormais impossibles, tout engorgement
cesse, l'ordre & le crédit qui le suit immé-
diatement renaissent.

Par l'émission des assignats, voyez les capitalistes, ces hordes d'agioteurs, con-contraints d'employer leurs fonds innombrables, grossis des fortunes des particuliers & de la misere publique, à acquérir des biens, ou dans les manufactures, tous ceux qui habituellement plaçoient dans les emprunts ouverts par le gouvernement, subissant la même loi, versant leurs économies de plusieurs années sur ces objets intéressans, & soutenir de tous leurs efforts ce qu'ils calomnient aujourd'hui; vous verrez, Messieurs, si leur dépit tiendra contre leurs intérêts, & si au plaisir de se nuire à eux-mêmes, d'enterrer un numéraire qui n'aura plus d'aliment, ils ne préféreront pas un emploi profitable.

Mais n'a-t-on pas eu la stupide audace de comparer les assignats futurs aux billets du systême, & l'impudeur d'en faire sortir des décombres où ils étoient ensevelis, pour les montrer au public, comme des garans du sort futur des assignats? Mais les bases chimériques des premiers peuvent-elles être opposées à celles de l'émission actuelle, à ces possessions superbes, qui, enviées depuis tant de siecles, couvrent la **France** d'un bout à l'autre, & frappent & charment tous les regards. Eh quoi! jadis sur le simple préambule d'un édit, sans autre sûreté que ses phrases, vous portiez en foule votre argent, vous le précipitiez à force ouverte dans les coffres d'un gouvernement dissipateur, & aujourd'hui, vous ne voudriez pas d'un effet avec lequel vous pouvez à l'instant commercer, acquérir, payer, qui vous offre toutes les ressources, qui a pour garant des biens innombrables, une nation pleine d'honneur, dont le premier cri & la premiere loi furent la probité, qui ne succombe sous le faix, & n'a recueilli que pour vous. Mauvaise foi insigne! craintes artificieuses, dont le fondement nous à coûté si cher!

Vous rendrez nulle, Messieurs, cette coalition formelle entre les marchands d'effets, & ceux dont l'intermédiaire, devenu moins utile dans l'intérieur du royaume d'abord, ensuite au dehors par l'émission des assignats, doit nécessairement être réduit aux seules affaires du crédit.

A tous les motifs de presser cette opération salutaire, se joint le retour de l'hiver, si redoutable dans les tems de détresse ; les atteliers de charité, qui en sont le signe évident, vont entasser à grands frais les malheureux ouvriers des manufactures languissantes, en occupper l'activité à des travaux inutiles, & ces hommes précieux peut-être n'y pourront tous être admis. Que deviendront-ils ? Ne levez plus vos yeux de ce tableau, Messieurs, fait pour émouvoir ; puisse-t-il vous déterminer à ce qui nous amene devant vous ! Vous vous opposerez à cette voracité funeste qui peut tout engloutir ; vous daignerez condescendre à nos vœux, consignés dans un arrêté que nous vous présentons avec confiance : nous croyons qu'il n'en est aucun qui n'ait pour motif le bien commun de la France ; s'il en est d'erronnés , votre sagesse saura les connoître Par cette opération, l'aisance s'introduisant dans les classes les moins aisées , y ramenera le calme & la circulation, qui sont leur seule ambition ; tout refleurira dans l'empire que vous avez reconstruit, & l'étranger accourant se fixer dans la plus belle contrée de l'univers , au milieu d'un peuple heureux & libre, vous proclamera les libérateurs du monde , & c'est alors qu'au sein de l'allegresse universelle, vous jouirez de vos travaux immortels & de vos sacrifices. **AUBRIET**, Commissaire - Rédacteur.

Extrait du registre des délibérations de la Section de l'Oratoire.

Du 9 Septembre 1790.

En l'assemblée générale de la Section convoquée en la maniere accoutumée , pour

délibérer sur le projet d'une nouvelle émission d'assignats-monnoie, pour acquitter la
dette exigible.

Après avoir entendu , pendant deux
séances consécutives , tous les citoyens qui
avoient demandé la parole , l'assemblée **a**
été unanimement d'avis.

1°. Que l'émission de nouveaux assignats,
jusqu'à concurrence de la dette exigible ,
seroit généralememt avantageuse.

2°. Que leur cours devroit être forcé.

3°. Que ces assignats ne devoient porter
aucun intérêt.

4° Que dans la vente des biens nationaux,
les assignats devoient être reçus en paiement,
exclusivement à l'argent.

5° Que la facilité des échanges paraissoit
exiger que , dans la nouvelle émission, il
y ait pour une somme de billets de 100, 50,
25 & 6 liv.

6° Que pour assurer le cours & le crédit des assignats, l'Assemblée nationale seroit suppliée d'ordonner la publication dans les papiers publics, avoués de l'administration, & qui paraissent chaque jour, de la note exacte de toutes les ventes qui auront eu lieu dans tout le royaume, ainsi que de la somme & des numéros de tous les assignats brulés en conséquence des décrets.

7°. Il a été arrêté en outre, que l'Assemblée nationale seroit suppliée de faire précéder l'émission des assignats par une fonte de trente millions de nouveaux Billons, pour être d'abord & de préférence employés au paiement de la solde des troupes dans les villes frontieres ; ce qui conserveroit le numéraire dans le centre du royaume, & en empêcheroit l'exportation à l'étranger.

L'assemblée arrête pareillement que le présent seroit imprimé sans retard & envoyé à M. le président de l'Assemblée nationale, à MM. du comité des finances, du comité de commerce & d'agriculture, à MM. les représentans de la ville de Paris, à l'Assemblée nationale, à M. le maire de Paris, & à MM. les administrateurs de la municipalité provisoire, & enfin aux quarante-sept autres sections.

Signé, ETIENNE LEROUX, Président.

J. A. LAVAU, Secrétaire.

Chez ROLAND, Imprimeur de la Section de l'Oratoire, rue Thibautodé, n°. 7.